Le Golf

Sans limites

Hannelore Sotzek

Illustrations : Bonna Rouse

Traduction : Josée Latulippe

Le golf est la traduction de *Golf in Action* de Hannelore Sotzek (ISBN 978-0-7787-0168-2).
© 2001, Crabtree Publishing Company, 616 Welland Ave., St. Catharines, Ontario, Canada L2M 5V6

**Catalogage avant publication de Bibliothèque et Archives nationales du Québec
et Bibliothèque et Archives Canada**

Sotzek, Hannelore

  Le golf

  (Sans limites)
  Traduction de: Golf in action.
  Comprend un index.
  Pour les jeunes de 8 à 12 ans.

ISBN 978-2-89579-368-7

1. Golf - Ouvrages pour la jeunesse. I. Rouse, Bonna. II. Titre. III. Collection: Sans limites (Montréal, Québec).

GV968.S6814 2011   j796.352   C2010-942584-7

Remerciements particuliers à
Dʳᵉ Betsy Clark, Sherry Greene et la Fondation LPGA/Club de golf pour les filles LPGA ; Frank Mantua et le Manor Country Club, Rockville, MD ; Alan Cooper et l'Association américaine junior de golf ; Peter Hough ; George Hough

Consultante
Kathy Murphy, maître professionnelle de la LPGA et monitrice principale pour le programme national d'éducation de la LPGA

Photos
Bruce Curtis : pages 9, 10, 29 (en haut) ; Brian Drake/SportsChrome : page titre ; Frank Mantua/Manor Country Club : page 23 (en bas) Robert Tringali/SportsChrome : page 31 ; Autres images : Digital Stock et Eyewire inc.

Tout a été mis en œuvre pour tenter d'obtenir, le cas échéant, l'autorisation de publier les photographies des athlètes qui apparaissent dans ce livre. L'éditeur souhaiterait que toute erreur ou tout oubli soit porté à son attention, de façon à ce qu'il puisse y remédier lors de tirages subséquents.

Illustrations
Les illustrations sont de Bonna Rouse, à l'exception de celles de la page titre et des pages 6, 7 et 11, qui sont de David Calder

Dédicace
À Gabriella Romero, Karin Sotzek et David Sotzek, mes héros

Nous reconnaissons l'aide financière du gouvernement du Canada par l'entremise du Fonds du livre du Canada (FLC) pour des activités de développement de notre entreprise.

 **Conseil des Arts   Canada Council
du Canada   for the Arts**

Bayard Canada Livres inc. remercie le Conseil des Arts du Canada du soutien accordé à son programme d'édition dans le cadre du Programme des subventions globales aux éditeurs.

Cet ouvrage a été publié avec le soutien de la SODEC. Gouvernement du Québec – Programme de crédit d'impôt pour l'édition de livres – Gestion SODEC.

Dépôt légal – Bibliothèque et Archives nationales du Québec, 2011
Bibliothèque et Archives Canada, 2011

Direction : Andrée-Anne Gratton
Graphisme : Mardigrafe
Traduction : Josée Latulippe
Révision : Sophie Sainte-Marie

© Bayard Canada Livres inc., 2011
4475, rue Frontenac
Montréal (Québec)
Canada H2H 2S2
Téléphone : 514 844 2111 ou 1 866 844-2111
Télécopieur : 514 278-0072
Courriel : **edition@bayardcanada.com**
Site Internet : **www.bayardlivres.ca**

Imprimé au Canada

Table des matières

Qu'est-ce que le golf ?

Un joueur fait un coup quand il prend son élan avec l'intention de frapper la balle. L'élan compte pour un coup même quand le golfeur rate la balle.

Le golf est un sport qui exige concentration, planification et adresse, et qui peut se jouer seul ou en équipe. À l'aide de bâtons spéciaux, les golfeurs prennent leur élan et frappent une petite balle dure qui repose sur le sol ou sur une cheville. Ils visent un petit **trou,** tentant d'y faire entrer la balle en utilisant le moins de **coups** possible. Une partie, ou une ronde, de golf est habituellement composée de dix-huit **trous** différents. À la fin des dix-huit trous, le gagnant est celui qui a fait le moins de coups.

À qui l'honneur ?

Le joueur frappant le premier détient l'**honneur**. Au début de la partie, l'honneur est déterminé par un tirage au sort ou selon l'ordre des noms indiqués sur la carte de pointage. Pendant la ronde, la personne qui obtient le score le plus bas à un trou aura l'honneur de commencer le trou suivant. Le joueur avec le deuxième plus bas pointage frappera en deuxième, et ainsi de suite. Une fois que tous les joueurs ont fait leur premier coup, c'est la distance entre les balles et le trou qui détermine l'ordre de jeu. La personne dont la balle est la plus éloignée du trou est la prochaine à jouer.

Un peu d'histoire

Certains croient que, à l'origine, on a joué au golf en Hollande dans les années 1200. Dans ce jeu néerlandais appelé « *kolf* », les joueurs utilisaient un bâton pour frapper une balle sur des cibles comme des poteaux ou des portes. Plusieurs autres croient plutôt que le jeu a vu le jour en Écosse, même si aucun document d'archives n'indique qu'on y a joué au golf avant les années 1400. Les joueurs écossais ont apporté des modifications importantes à ce sport, en jouant par exemple sur une surface plus grande, en utilisant divers types de bâtons et en frappant la balle dans un trou. Ils ont fait du golf le sport tel qu'il est pratiqué aujourd'hui.

Bienvenue sur le parcours

On pratique le golf sur un terrain appelé «parcours». Les parcours de golf comprennent neuf ou dix-huit trous. Chaque trou est formé d'un tertre de départ, d'une allée, d'**obstacles,** d'herbe longue et d'un vert. Le mot «trou» désigne également le trou lui-même. Les neuf premiers trous sont appelés les «neuf trous de l'aller», et les neuf derniers, le «retour». Pour jouer une ronde complète sur un terrain de neuf trous, les golfeurs jouent les neuf trous, puis refont le parcours une deuxième fois.

Depuis ici jusque là

Les golfeurs commencent chaque trou en exécutant un **coup de départ.** Ils frappent la balle à partir du tertre de départ, qui est éloigné du trou. Ils continuent de frapper leur balle le long de l'allée, un coup à la fois, jusqu'à ce qu'elle atteigne le vert. Les joueurs exécutent ensuite un **coup roulé** pour envoyer leur balle dans le trou. Des obstacles augmentent le niveau de difficulté du parcours.

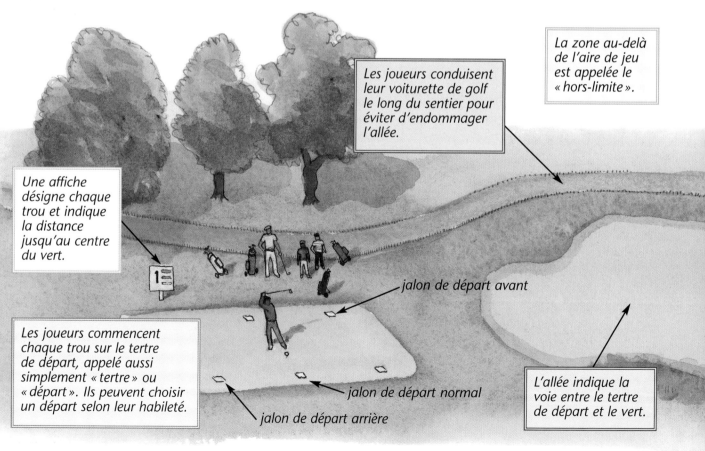

La zone au-delà de l'aire de jeu est appelée le « hors-limite ».

Les joueurs conduisent leur voiturette de golf le long du sentier pour éviter d'endommager l'allée.

Une affiche désigne chaque trou et indique la distance jusqu'au centre du vert.

Les joueurs commencent chaque trou sur le tertre de départ, appelé aussi simplement « tertre » ou « départ ». Ils peuvent choisir un départ selon leur habileté.

jalon de départ avant

jalon de départ normal

jalon de départ arrière

L'allée indique la voie entre le tertre de départ et le vert.

Le long et le court

Les golfeurs divisent chaque trou en deux temps, le jeu long et le jeu court. Le jeu long commence au début de chaque trou, avec des coups qui envoient la balle loin. Les golfeurs frappent la balle sur une grande distance quand ils sont le plus loin du vert. Le jeu court commence quand le joueur est près du vert et doit alors frapper des coups plus courts.

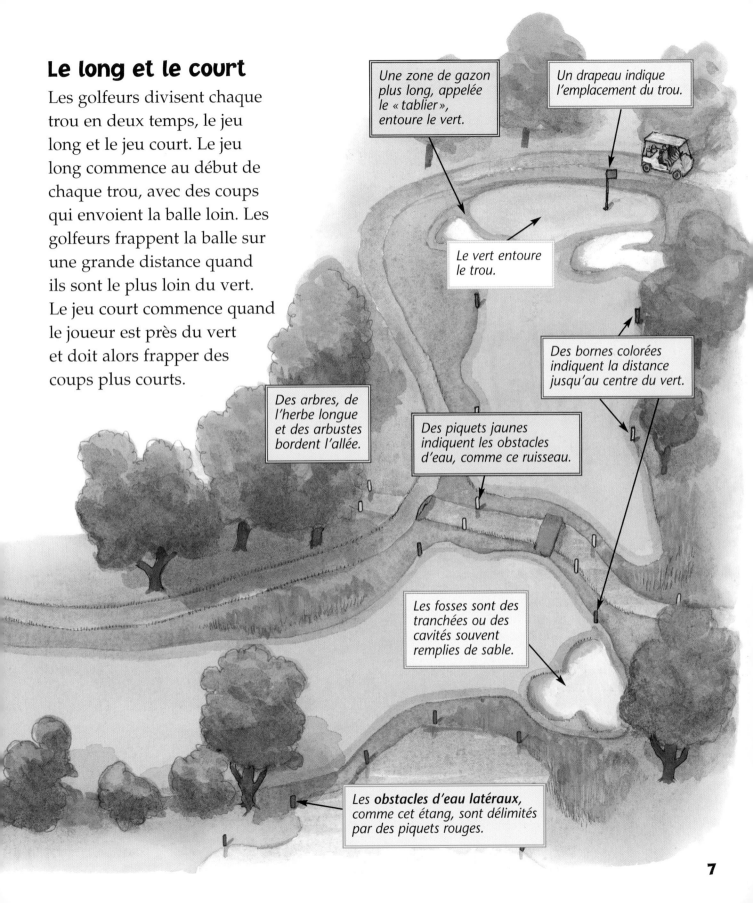

Une zone de gazon plus long, appelée le « tablier », entoure le vert.

Un drapeau indique l'emplacement du trou.

Le vert entoure le trou.

Des bornes colorées indiquent la distance jusqu'au centre du vert.

Des arbres, de l'herbe longue et des arbustes bordent l'allée.

Des piquets jaunes indiquent les obstacles d'eau, comme ce ruisseau.

Les fosses sont des tranchées ou des cavités souvent remplies de sable.

Les **obstacles d'eau latéraux**, comme cet étang, sont délimités par des piquets rouges.

Cette borne indique la normale (en anglais, par) pour le trou numéro trois, ainsi que la distance entre chacun des jalons de départ et le centre du vert.

Le score

Certains trous d'un parcours sont plus difficiles que d'autres. Le degré de difficulté de chaque trou est mesuré par la **normale**, ou le nombre de coups dont un joueur expérimenté aurait besoin pour mettre la balle dans le trou. Les trous ont habituellement une normale de trois, quatre ou cinq. En additionnant les normales de tous les trous, on obtient la normale du parcours. La plupart des parcours de 18 trous ont une normale de 72 coups.

(en haut) La carte de pointage indique le tracé de chaque trou du parcours.

Un aigle vaut mieux qu'un oiselet

Ton pointage pour chaque trou est comparé à la normale. Par exemple, s'il te faut quatre coups sur un trou dont la normale est trois, tu as fait un coup de plus que la normale, ou un boguey. Un double boguey correspond à deux coups de plus que la normale. Si tu envoies la balle dans le trou en deux coups, tu es un coup sous la normale : c'est un oiselet. Tu réussis à faire deux coups sous la normale : c'est ce qu'on appelle un « aigle ». Pour obtenir un as, ou un trou d'un coup, tu dois mettre la balle dans le trou en une seule fois, lors de ton coup de départ.

Marquer le pointage

Une fois que tu as mis la balle dans le trou, note le nombre de coups joués pour ce trou. À la fin de la partie, additionne tes coups pour tous les trous. Pendant une partie amicale, les membres d'un groupe de golfeurs notent leur pointage sur une même carte. Au cours d'un tournoi, chaque golfeur note le pointage de son partenaire. Ton partenaire et toi devez tous deux signer la carte pour signifier que les pointages sont justes.

Niveler le jeu

Un handicap est une évaluation de ta façon de jouer, basée sur le nombre de coups dont tu as habituellement besoin pour une partie. Plus un joueur est habile, moins son handicap est élevé. Les handicaps servent à ajuster le pointage des joueurs, ce qui permet aux golfeurs moins expérimentés de jouer contre des golfeurs plus habiles. L'encadré à droite te donne une idée générale de ce que pourrait être ton handicap. Tu peux communiquer avec Golf Canada ou avec ton association locale pour déterminer ton handicap officiel.

À la fin d'une partie de tournoi, les joueurs remettent leur carte à un marqueur. Celui-ci note les pointages, s'assure qu'ils sont justes et détermine le gagnant.

Calcule ton handicap

1. Joue dix parties de dix-huit trous. Ensuite, additionne tes pointages :

   $98 + 96 + 99 + 96 + 89 + 92 + 99 + 97 + 95 + 99 = 960$

2. Divise le total par 10 :

   $960 \div 10 = 96$ – C'est ton pointage moyen.

3. Soustrais ensuite la normale pour le parcours de ton pointage moyen :

   $96 - 72 = 24$ – C'est ton handicap.

   Pour utiliser ton handicap dans une partie, additionne ton pointage pour une ronde complète. Par exemple, ton pointage total pourrait être de 99. Soustrais ton handicap de ce total.

   $99 - 24 = 75$ – C'est ton **pointage net.**

L'équipement de base

La pratique du golf exige un équipement spécial. Chaque golfeur a besoin de balles, de **tés** et d'un ensemble de bâtons, qu'il transporte habituellement dans un sac de golf. Certains joueurs traînent leur sac derrière eux sur un chariot. D'autres se déplacent sur le parcours à bord d'une voiturette motorisée.

Clair et confortable

Les golfeurs portent généralement des vêtements confortables et amples, qui n'entravent pas leur élan. La plupart des terrains de golf ont un code vestimentaire. Les joueurs doivent respecter les règlements décrivant les types de vêtements appropriés, les chemises à col, par exemple.

Les golfeurs portent des vêtements appropriés selon le temps qu'il fait : des vêtements légers par temps chaud et des couches supplémentaires si c'est plus frais.

Les chaussures de golf doivent être confortables pour marcher de longues distances. Des crampons, ou pointes, fixés sous les semelles s'agrippent au sol, donnant aux joueurs une meilleure stabilité.

Les joueurs devraient porter un chapeau pour se protéger du soleil.

Des gants permettent aux joueurs d'avoir une bonne prise sur leur bâton. La plupart des golfeurs n'en portent qu'un seul.

La balle

Les balles de golf ont un centre en caoutchouc et une enveloppe dure. Un numéro distingue ta balle de celles des autres joueurs.

Les chaussures

Nettoie toujours la boue autour des crampons de tes chaussures. Remplace tout crampon usé ou endommagé. Fais aérer tes chaussures en desserrant les lacets et en tirant la languette.

La sécurité avant tout !

Donne aux joueurs qui t'entourent suffisamment d'espace pour frapper la balle de façon sécuritaire.

Ne frappe pas la balle si un joueur te gêne.

Crie « Fore ! » pour avertir des joueurs qu'une balle se dirige vers eux.

S'il y a des risques de foudre, arrête immédiatement de jouer et quitte le terrain ! Ne te mets jamais à l'abri sous un arbre. Ton équipement de métal fait de toi une cible de choix pour la foudre.

Les bâtons

Un ensemble de bâtons de golf comprend des bois, des fers et des bâtons spéciaux comme les cocheurs et le fer droit.
Bien qu'ils semblent différents, tous les bâtons ont les mêmes parties essentielles.

fer

fer droit

bois

poignée

col ou douille

talon

tête de bâton

pointe

semelle

La plupart des bâtons de bois n'ont plus de tête en bois mais en métal.

tige

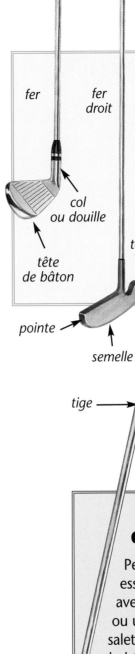

L'entretien des bâtons

Pendant une partie, essuie tes bâtons avec une serviette ou un chiffon. Toute saleté sur la tête du bâton pourrait modifier la trajectoire de la balle. Nettoyer tes bâtons te permettra aussi de les conserver plus longtemps.

Plusieurs golfeurs gardent un parapluie dans leur sac, en cas de pluie.

face

rainures

L'échauffement

Avant un entraînement ou une partie, il est important de s'échauffer et de s'étirer les muscles. L'échauffement détend les muscles, facilitant les mouvements, et contribue à prévenir les blessures comme les élongations ou les claquages. Lorsque tu t'étires, déplace-toi lentement et sans sauter. Étire-toi le plus possible, tant que le mouvement demeure confortable.

Les fentes avant

En gardant le haut du corps bien droit, plie la jambe droite devant toi et tends la jambe gauche derrière toi. Place les mains sur ton genou droit pour conserver ton équilibre, puis compte jusqu'à cinq. Fais cinq fentes de chaque côté.

Les flexions latérales

Tiens-toi debout, les bras tendus sur le côté, à la hauteur des épaules. Penche-toi vers la droite. Étire-toi vers le bas, tirant ton bras droit vers le sol le plus loin possible sans que tu ressentes d'inconfort; tends le bras gauche vers le haut. Redresse-toi lentement. Penche-toi ensuite vers la gauche. Étire-toi trois fois de chaque côté.

Les étirements des épaules

Lève le bras droit devant toi à la hauteur des épaules. Avec la main gauche, saisis le coude droit. Tire doucement ton bras vers ton corps. Garde cette position pendant dix secondes, puis étire l'autre bras.

Les rotations du cou

Tu peux facilement te blesser au cou, alors vas-y prudemment quand tu fais cet exercice. Tiens-toi debout, les jambes écartées à la largeur des épaules. Le menton sur la poitrine, tourne lentement la tête d'une épaule à l'autre. Ne va jamais jusqu'en arrière !

Les étirements des mollets et des poignets

Place les paumes contre un mur ou un barreau. Garde les bras à la hauteur des épaules. Fais un pas en arrière avec le pied droit et plie la jambe gauche. Pousse contre le mur et étire lentement les muscles des poignets et du mollet. Reste en position dix secondes. Refais le mouvement avec l'autre jambe.

Les étirements du torse

Tiens-toi debout, les jambes écartées à la largeur des épaules, les genoux légèrement pliés. Place un bâton de golf derrière ton cou et saisis chaque bout du bâton. Tourne lentement le haut de ton corps vers la droite, aussi loin que possible sans ressentir d'inconfort. Reviens au centre puis étire-toi du côté gauche. Fais l'étirement cinq fois de chaque côté.

Les rotations des bras

Décris de grands cercles avec tes bras. Continue en faisant des cercles de plus en plus petits. Arrête quand tes bras sont à l'horizontale et que les cercles sont tout petits. Change ensuite de direction. Commence en faisant de petits cercles et finis par de très grands.

Connaître tes bâtons

Pour trouver un ensemble de bâtons correspondant à ta taille, place-toi d'abord en position pour frapper la balle (va voir à la page 19). Tu sais que la longueur des bâtons est la bonne si la semelle repose bien à plat au sol. Si le bâton est trop long pour toi, la pointe sera relevée. S'il est trop court, le talon du bâton se soulèvera du sol.

Chaque bâton de golf a un numéro, qui correspond à l'angle d'ouverture de la face. L'angle de la face influence la distance et la hauteur à laquelle le bâton projettera la balle. Plus le numéro d'un bâton est élevé, plus la balle ira haut dans les airs. Les bâtons portant un petit numéro envoient la balle plus bas et plus loin.

Tout est dans l'angle

L'angle d'ouverture de la face du bâton influence également le degré de rotation de la balle. La rotation contribue à garder la balle dans les airs. Plus l'angle est élevé, plus la balle va tourner. Les alvéoles, ou indentations, de l'enveloppe de la balle la feront aussi tourner.

Un bâton dont l'angle de la face est plus élevé créera aussi un effet rétro, c'est-à-dire que la balle tournera à l'envers. L'effet rétro envoie la balle plus haut dans les airs et fait en sorte qu'elle arrête rapidement quand elle retombe au sol.

Les bois, comme ce bois numéro 1, sont utilisés pour frapper la balle sur une grande distance. Ils créent aussi moins d'effet rétro.

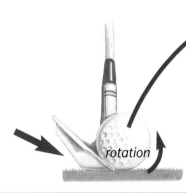

Tu pourrais devoir soulever la balle avec un té lorsque tu utilises un bâton avec un angle d'ouverture de la face plus petit.

Ce fer numéro 5 a un angle d'ouverture de la face plus grand que le bois numéro 1. Il envoie la balle plus haut que ce dernier, mais pas aussi loin.

Les cocheurs ont les angles de la face les plus élevés et envoient la balle dans une trajectoire presque verticale. Pour créer le même effet avec d'autres types de bâtons, incline la tête du bâton vers le ciel.

À la rencontre du bâton

Quand tu frappes la balle, cogne-la avec le centre de la face du bâton. La position de la tête du bâton au moment de l'impact, c'est-à-dire quand ton bâton touche la balle, influencera la trajectoire de celle-ci. Les diagrammes ci-dessous montrent comment ajuster la position du bâton pour contrôler la trajectoire de la balle dans les airs.

*Garde le bâton perpendiculaire à la **ligne de visée** pour frapper la balle bien droit.*

Tourne la tête du bâton vers la gauche pour que la balle fasse un crochet intérieur, ou décrive une courbe à gauche.

Tourne la tête du bâton vers la droite pour que la balle fasse un crochet extérieur, ou décrive une courbe à droite.

L'abc du golf

La première étape du jeu consiste à décider où tu veux envoyer la balle. L'étape suivante vise à apprendre comment tenir le bâton et bien te positionner. Une fois ces choses maîtrisées, tu seras prêt pour tous les coups !

Aligner le coup

Avant de pouvoir frapper la balle, tu dois d'abord trouver ta cible, c'est-à-dire l'endroit où tu veux que la balle s'arrête après ton coup. La cible se trouve au bout de ta ligne de visée, ou la trajectoire que tu veux que ta balle suive quand tu l'auras frappée. L'endroit où une balle s'arrête s'appelle la « **position de la balle** ». Tu dois jouer la balle quelle que soit sa position. Ainsi, faire atterrir la balle dans un endroit approprié rendra ton prochain coup plus facile.

Vise un point quelques mètres avant ta cible. Comme ta balle roulera un peu en arrivant au sol, tu souhaites qu'elle se dirige vers ta cible et pas trop loin au-delà.

Prendre position

La **position des pieds** correspond à la façon dont tu te places avant d'exécuter un coup. Elle varie selon le type de bâtons que tu utilises et selon ta ligne de visée. La position de base est la position alignée. Les positions ouverte et fermée feront courber la balle dans les airs.

Les pieds d'abord

Aligne toujours les pieds avec ta ligne de visée. Garde les pieds, les genoux, les hanches et les épaules parallèles à la ligne. N'oublie pas d'ajuster uniquement les pieds. À moins d'être sur l'aire de départ, tu ne dois jamais déplacer ta balle avec les mains !

Avance le pied gauche...

Quand tu fais des coups plus courts ou lorsque tu utilises des bâtons plus courts, la balle devrait être placée au milieu de ta position des pieds, c'est-à-dire entre tes pieds. Si tu utilises un bâton plus long ou que tu veux frapper la balle plus loin ou plus haut, laisse le pied gauche près de la balle, ou à l'avant de ta position des pieds, comme illustré à droite. À l'occasion, il se peut que tu aies besoin de frapper plus à l'arrière de ta position des pieds, avec la balle près de ton pied droit, comme lorsque tu frappes la balle sur une pente descendante.

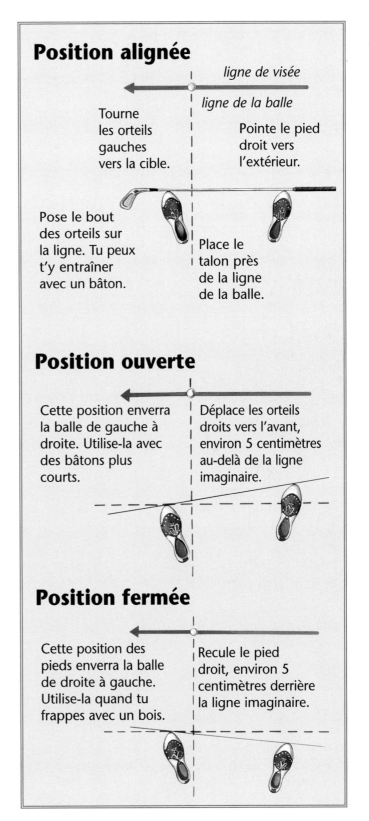

Position alignée

ligne de visée

ligne de la balle

Tourne les orteils gauches vers la cible.

Pointe le pied droit vers l'extérieur.

Pose le bout des orteils sur la ligne. Tu peux t'y entraîner avec un bâton.

Place le talon près de la ligne de la balle.

Position ouverte

Cette position enverra la balle de gauche à droite. Utilise-la avec des bâtons plus courts.

Déplace les orteils droits vers l'avant, environ 5 centimètres au-delà de la ligne imaginaire.

Position fermée

Cette position des pieds enverra la balle de droite à gauche. Utilise-la quand tu frappes avec un bois.

Recule le pied droit, environ 5 centimètres derrière la ligne imaginaire.

Les prises

Tenir le bâton correctement te permet de le contrôler au cours de ton élan et t'aide à projeter la balle dans la direction souhaitée.

Tenir le bâton

Tiens le bâton assez fermement pour pouvoir le contrôler, mais pas au point de ne pas pouvoir le bouger facilement. Toutes les indications présentées dans ce livre sont écrites pour des golfeurs droitiers. Si tu es gaucher, tu n'as qu'à inverser, dans les instructions, la droite et la gauche. L'encadré à droite illustre la prise de base.

Tiens le bâton dans le bon angle pour frapper correctement la balle. Dans ta prise du bâton, l'espace entre ton pouce et ton index forme un V. Imagine une ligne droite partant de la base du V et allant vers toi. Cette ligne devrait pointer ton épaule droite.

La prise de base

Dépose le bâton dans ta main gauche, de façon à ce que le manche dépasse d'environ 2,5 centimètres. Le manche devrait reposer en diagonale à partir de la base de ta paume, le long de la base de tes doigts et par-dessus ton index. Enroule les doigts autour du manche et ferme la main. Oriente le pouce vers la tête du bâton. Place la main droite de façon à ce que le coussinet sous ton pouce droit recouvre ton pouce gauche.

Une bonne prise

À l'aide de l'une de ces prises, garde les mains bien ensemble pour pouvoir mieux contrôler ton bâton. Essaie-les toutes pour déterminer quelle est la meilleure pour toi. Elles te sembleront peut-être inconfortables au début, mais, avec de l'entraî-nement, elles devraient te paraître de plus en plus naturelles.

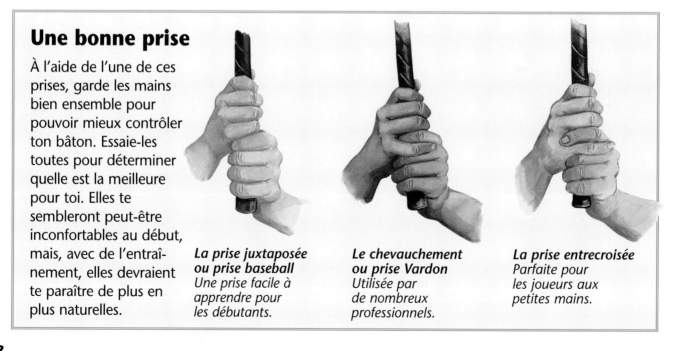

La prise juxtaposée ou prise baseball
Une prise facile à apprendre pour les débutants.

Le chevauchement ou prise Vardon
Utilisée par de nombreux professionnels.

La prise entrecroisée
Parfaite pour les joueurs aux petites mains.

Tout mettre ensemble

Une fois que tu as déterminé ta cible, la position de tes pieds et ta prise, tu es prêt à préparer ta **prise de position initiale**, c'est-à-dire la position de ton bâton et de ton corps juste avant de prendre ton élan pour frapper la balle.

Penche-toi légèrement vers la balle. Garde le dos droit.

Lève légèrement le menton pour regarder la balle.

Garde les pieds, les genoux, les hanches et les épaules parallèles à ta ligne de visée.

Assure-toi que ton bras gauche est bien tendu et aligné avec la tige de ton bâton.

Plie légèrement les genoux.

Place ton bâton derrière la balle, la semelle bien à plat sur le sol. Le bout de la tige devrait se trouver près de tes jambes, à une distance équivalant à la largeur de ta main.

Tiens-toi debout, les pieds écartés à la largeur des épaules, ton poids réparti également sur tes pieds, mais pas sur les orteils.

Place ton bâton derrière la balle. Aligne la face avec la cible.

19

Parfaire ton élan

Quand tu lèves ton bâton, il est important que les mains, les bras, les épaules et le bas du corps bougent ensemble en souplesse. Souviens-toi de ne pas quitter la balle des yeux pendant toutes les étapes de l'élan.

1. Place-toi en position initiale.

Le chemin que suit ton bâton quand tu le lèves vers l'arrière est appelé «plan de l'élan». Il devrait décrire un arc, ou une courbe, dans les airs. Suis le même chemin pour chaque étape de ton élan: l'élan arrière, l'élan avant et le prolongement. Les illustrations sur ces pages montrent l'élan complet. Tu peux ajuster cet élan pour qu'il convienne à plusieurs situations de jeu. Ces instructions sont destinées à un golfeur droitier, mais tu peux prendre ton élan du côté où tu te sens le plus à l'aise.

Étape 1 : l'élan arrière

Il s'agit d'envoyer ton bâton vers l'arrière avant de frapper la balle.

2. De ta position initiale, envoie ton bâton vers l'arrière et soulève-le en direction de ton côté droit. Tourne les hanches et les genoux vers l'intérieur, en gardant la jambe droite légèrement pliée. En tournant, déplace ton poids vers ton côté droit.

3. Tu peux lever légèrement le talon gauche pour t'aider à pivoter. Quand le bâton a parcouru la moitié du chemin, fléchis les poignets, comme illustré ici.

4. Stoppe le mouvement vers l'arrière quand tu arrives au sommet de ton élan. Ton épaule gauche devrait toucher ton menton, et ton dos devrait être tourné vers la cible.

Étape 2 : l'élan avant

Déroule ton corps pour l'élan avant. Dans cette étape, ramène le bâton vers le sol et acquiers de la puissance pour frapper la balle.

2. À mi-chemin, commence à redresser les poignets et garde le bras gauche bien droit. Continue de déplacer ton poids pour te donner de la puissance.

1. En ramenant le bâton vers le bas, tourne le corps vers la gauche. Déplace ton poids du côté droit au côté gauche.

3. Au moment où tu t'approches de la balle, les poignets devraient être droits. Quand ton bâton entre en contact avec la balle, frappe-la dans les airs.

Étape 3 : le prolongement de l'élan

1. Prolonge ou continue ton élan en suivant le plan de l'élan, même après avoir frappé la balle. Complète l'arc que tu as décrit au cours des étapes précédentes pour t'assurer de frapper la balle avec suffisamment de force. Quand tu auras terminé, ta poitrine devrait faire face à la cible et tu pourras observer la balle s'approcher de ta cible. Tout ton poids devrait maintenant être sur ton pied gauche, ton pied droit servant seulement de point d'appui.

Des bâtons plus petits

Pour exécuter des coups plus courts, utilise des bâtons plus courts. La longueur du bâton a un impact sur ton élan. Voici quelques conseils pour t'aider à ajuster ta technique :

Tiens-toi plus près de la balle.

Tourne moins ton corps et garde les deux talons au sol pendant ton élan arrière.

Ne tire pas ton bâton trop loin pendant ton élan arrière. Au lieu de le tirer jusque derrière ta tête, garde-le à la verticale à côté de ton corps.

Le plus loin possible

Au début de chaque trou, tu dois frapper la balle sur une longue distance pour qu'elle se rapproche le plus possible du trou. Ces longs coups sont appelés «élans complets». L'élan complet exécuté à partir du té est appelé «coup de départ».

Frapper loin

Une façon de frapper plus loin consiste à utiliser des bâtons plus longs. Une autre manière d'envoyer la balle sur une longue distance, c'est d'utiliser plus de puissance en la frappant. En augmentant l'ampleur de ton élan, tu peux créer plus de puissance pour frapper la balle. Fléchir les poignets peut aussi aider. Plie les poignets pendant la première partie de l'élan arrière et redresse-les pour l'élan avant, de façon à créer plus de puissance.

Tu peux utiliser un té uniquement sur le tertre de départ. Insère-le dans le sol et dépose la balle dessus. Les bâtons aux numéros plus bas sont plus longs que ceux aux numéros élevés. Plus ton bâton est long, plus tu devras soulever la balle à l'aide du té, de façon à la frapper avec le centre de la face du bâton.

Une motte qui s'envole

Quand tu exécutes ton élan avant, tu dois frapper la balle avec force pour l'envoyer dans les airs. Juste avant que la tête de ton bâton atteigne la balle, le bas de la tranche du bâton doit effleurer le gazon. Au fur et à mesure que ton élan s'améliore et gagne en puissance, ton bâton va en fait creuser le sol. Le morceau de gazon que tu arraches alors est appelé « motte ». Assure-toi de la replacer et de la tamponner après ton coup.

La clé du succès

Tu peux t'exercer à exécuter tous les types d'élans et de coups sur un terrain d'exercice. Tu peux t'entraîner à frapper la balle le plus droit et le plus loin possible, ainsi que déterminer quelle position et quelle prise te conviennent le mieux. Les terrains d'exercice te permettent aussi d'améliorer ton équilibre pendant ton élan. Un bon équilibre est nécessaire pour un élan régulier.

Plusieurs terrains d'exercice ont aussi des piquets indiquant les distances et servant de cibles. Ils te permettent de déterminer à quelle distance tu arrives à frapper la balle.

Rappelle-toi que même le meilleur des golfeurs peut se décourager. Si tu es fatigué ou si tu n'arrives plus à te concentrer, arrête de t'entraîner. Tu as plus de risques de faire des erreurs quand tu n'es pas concentré.

Quand tu t'entraînes, assure-toi de laisser suffisamment d'espace entre toi et les autres golfeurs pour éviter de te faire frapper ou de blesser quelqu'un.

Viser le vert

Il est rare de réussir un trou d'un coup, alors tu devrais prévoir jouer quelques coups pour envoyer ta balle sur le vert. À mesure que tu t'approcheras du trou, à un certain moment, les élans complets ne seront plus nécessaires. Tu pourrais être si proche du vert qu'un tel coup enverrait ta balle trop loin. Des courbes ou des obstacles sur le terrain pourraient te forcer à exécuter des coups plus courts.

Le **coup d'approche lobé** et le **coup d'approche roulé** sont deux types de coups utiles dans le jeu court. Le coup d'approche lobé permet à la balle de franchir une plus grande distance dans les airs qu'en roulant au sol après avoir atterri. Un coup d'approche roulé est un coup bas et court, où la balle roule sur une bonne distance une fois retombée au sol.

Pour exécuter un coup d'approche roulé, tire ton bâton légèrement vers l'arrière. Utilise uniquement le haut du corps et garde les poignets bien droits.

1. Pour commencer un coup d'approche lobé, après avoir pris ta position initiale, exécute ton élan arrière. Pivote surtout le haut du corps. Tire ton bâton vers l'arrière jusqu'à ce que la tige soit presque verticale. Fléchis les poignets.

2. Dans ton élan avant, déplace ton bâton uniquement avec les mains, les poignets et les bras. Redresse les poignets environ à mi-chemin.

3. Prolonge ton élan et termine en ayant le ventre face à la cible.

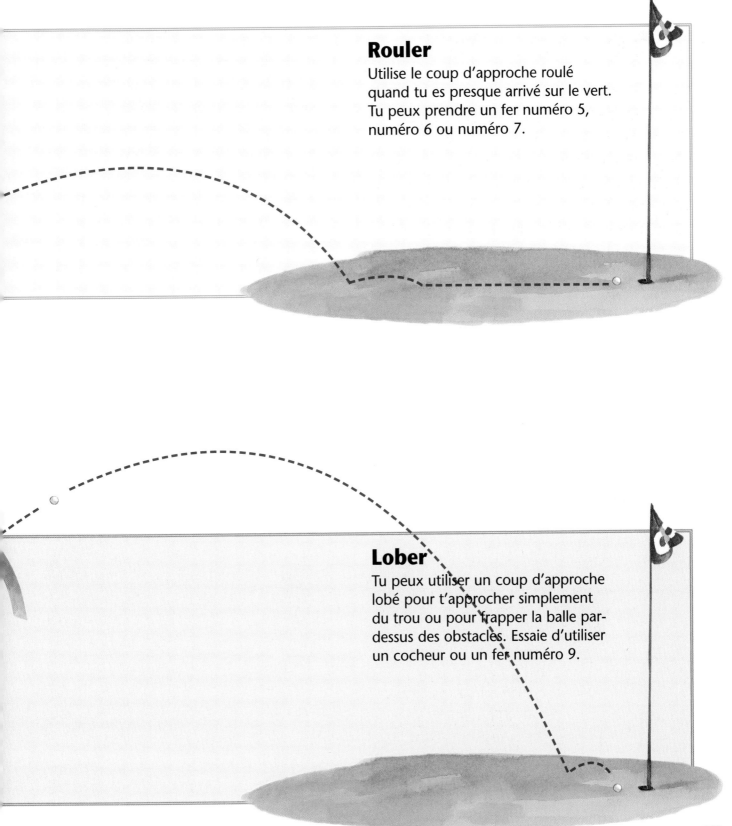

Rouler

Utilise le coup d'approche roulé quand tu es presque arrivé sur le vert. Tu peux prendre un fer numéro 5, numéro 6 ou numéro 7.

Lober

Tu peux utiliser un coup d'approche lobé pour t'approcher simplement du trou ou pour frapper la balle par-dessus des obstacles. Essaie d'utiliser un cocheur ou un fer numéro 9.

Jouer dans le sable

Quel que soit ton degré d'expérience comme golfeur, tôt ou tard, tu devras composer avec une fosse de sable. Tu peux gaspiller des coups en frappant inutilement sur une balle coincée dans le sable. Apprends à ajuster ton coup de façon à pouvoir sortir la balle de la fosse en un seul élan.

Dans la fosse

Pour t'échapper d'une fosse de sable, exécute un **coup explosé**. Dans ce coup, tu ne touches pas vraiment la balle. En fait, la face de ton bâton frappe le sable derrière la balle pour qu'elle s'envole dans les airs. Utilise un cocheur de sable ou un cocheur d'allée pour jouer dans le sable.

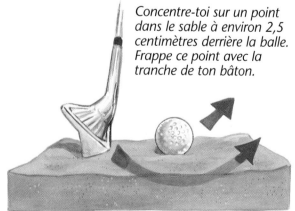

Concentre-toi sur un point dans le sable à environ 2,5 centimètres derrière la balle. Frappe ce point avec la tranche de ton bâton.

Le coup explosé

Le coup explosé ressemble au coup d'approche lobé : la balle voyage beaucoup plus longtemps dans les airs qu'au sol.

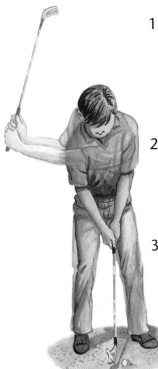

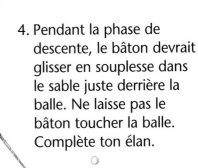

1. La balle devrait être placée à l'avant de ta position des pieds. Garde ton poids sur le pied gauche. Tu peux bouger les pieds pour bien les ancrer dans le sable.

2. Garde la face de ton bâton ouverte. Assure-toi que le bâton ne touche pas le sable dans ta prise de position initiale.

3. Exécute ton élan arrière jusqu'à ce que la tige du bâton soit presque à la verticale.

4. Pendant la phase de descente, le bâton devrait glisser en souplesse dans le sable juste derrière la balle. Ne laisse pas le bâton toucher la balle. Complète ton élan.

5. N'oublie pas de faire disparaître toutes les traces de pas et de remplir le trou laissé par ton coup en nivelant le sable avant de quitter la fosse.

Une balle enterrée

Quand une balle est coincée ou ensevelie dans le sable, tu dois ajuster le coup explosé. Tu peux alors utiliser un cocheur d'allée ou un fer numéro 9.

1. *Tiens-toi debout, les pieds très écartés. La balle devrait se trouver au centre ou à l'arrière de ta position des pieds. Assure-toi que le bâton n'est pas posé sur le sable.*

2. *Garde la plus grande partie de ton poids sur la jambe gauche et exécute ton élan arrière. Fléchis légèrement les poignets en amorçant ton élan.*

3. *Exécute ton élan avant. La tranche du bâton devrait s'enfoncer dans le sable derrière la balle.*

Sur le vert

Quand leur balle est sur le vert, la plupart des golfeurs exécutent des coups roulés. Ce type de coups fait rouler la balle sur le sol plutôt que de la soulever dans les airs. Le coup roulé suppose donc une technique différente des autres élans. La plupart des golfeurs font près de la moitié de leurs coups sur le vert. Être habile pour l'exécution des coups roulés, voilà la clé d'un pointage bas.

Le coup roulé et sa forme

1. Le fer droit, le bâton utilisé pour les coups roulés, a une forme différente des autres bâtons. Tiens-le de façon à ce que tes paumes soient parallèles à la tige. Entoure-le de tes mains et assure-toi que les deux pouces se trouvent sur le dessus de la tige, pointant la tête du bâton.

2. Oriente la tête du bâton dans la direction où tu veux envoyer la balle.

3. Prends une position parallèle. Garde les pieds rapprochés, sans qu'ils se touchent. Place-toi au centre de ta position des pieds.

4. Tire le fer droit vers l'arrière, sans le soulever. Exécute ton élan avec les bras seulement. Garde le bas du corps immobile.

5. Bouge ton bâton avec souplesse et frappe la balle le long de la trajectoire de coup roulé.

Le vert et ses règles

Avant de pouvoir jouer sur le vert, retire le drapeau du trou. Dépose-le sur le gazon, loin du trou. Si tu fais un long coup roulé, quelqu'un peut aussi tenir le drapeau au-dessus du trou, pour t'indiquer où il se trouve. Assure-toi de ne pas frapper la personne ou le drapeau avec la balle.

*Avant de commencer, tu dois déterminer la **trajectoire de coup roulé**, le chemin que tu souhaites que ta balle suive jusqu'à la cible. En visant le trou, imagine qu'il est entouré d'un grand cercle. Ce n'est pas grave de frapper la balle au-delà de la cible lors de ton coup roulé, tant qu'elle reste dans le cercle, près du trou.*

La cassure

Lors d'un coup roulé, tu dois prendre en considération la cassure du coup. Il s'agit de la trajectoire courbe suivie par la balle en raison des conditions sur le vert, par exemple une pente. Si le vert est dans une pente ascendante, tu devras frapper la balle pour qu'elle finisse par redescendre vers le trou. Si la pente est descendante, tu dois à peine effleurer la balle : la pente l'aidera à rouler jusqu'au trou.

La vitesse

La vitesse du vert indique comment se déplacera la balle sur le vert. Elle aura une incidence sur la puissance de tes coups. Une surface dure et sèche ou du gazon très court produit un vert qui sera rapide. Frappe la balle avec moins de puissance pour éviter qu'elle aille trop loin au-delà de la cible. Du gazon mouillé ou long crée un vert qui sera lent, alors frappe la balle plus fermement. Le grain du gazon, ou le sens de sa croissance, influence aussi la puissance de tes coups. Exécuter un coup roulé dans le sens du grain fera rouler la balle plus vite que lorsque tu frappes contre le grain.

Le mini-golf

Une partie de mini-golf, illustrée à droite, est une façon amusante de t'exercer à faire des coups roulés. Des creux, des courbes et des pentes le long du parcours mettent tes habiletés à l'épreuve, fournissant des obstacles semblables à ceux présents sur un vrai terrain de golf. Tu peux créer un vert d'exercice dans ta cour arrière en utilisant des seaux, des boîtes et des gobelets de plastique en guise de trous.

(en haut) Pour déterminer la direction de la pente, accroupis-toi derrière la balle. Imagine que tu verses de l'eau sur le vert : dans quel sens coulerait-elle ?

Respecter les règles

Les règles du golf ont été déterminées par l'Association américaine de golf (USGA). Pendant certains tournois, des officiels s'assurent que les règles sont respectées. Dans une partie informelle, toutefois, il n'y a pas d'officiels pour surveiller les golfeurs. Les joueurs doivent d'eux-mêmes respecter les règles. Ils observent également leurs partenaires pour s'assurer que tout le monde joue selon les règles.

Un coup de pénalité est un coup supplémentaire ajouté à ton pointage si tu enfreins les règles ou si tu dois ajuster la position de la balle pendant la partie. Par exemple, tu es pénalisé si ta balle tombe dans un **obstacle d'eau**. Une balle perdue ou une balle hors limite te coûtera aussi des coups supplémentaires. Aider la balle en soufflant sur elle ou en la touchant de quelque manière que ce soit alors qu'elle est en mouvement va absolument à l'encontre des règles.

En mauvaise position!

Jouer une balle, peu importe où elle tombe, pose un défi de taille, car les golfeurs n'ont pas le droit de modifier les conditions qui les entourent. Les joueurs ne peuvent pas aplanir des mottes de terre, remplir des creux ou retirer des objets tels que des roches et des brindilles. Dans certains cas, toutefois, tu as le droit d'ajuster ta position. Si ta balle a atterri dans une **position injouable**, par exemple contre un mur ou dans un arbre, tu peux la déplacer de deux longueurs de bâton. Sache que tu seras alors pénalisé. Les joueurs sur le vert peuvent déplacer des objets, à condition de ne pas modifier la surface du vert.

Tant que tu as la possibilité de lever ton bâton de façon sécuritaire, tu dois essayer de frapper la balle, même quand des buissons ou des herbes hautes te gênent.

Sois courtois!

En observant convenablement l'étiquette du golf, ou les comportements acceptables, sur le terrain, tu pourras jouer de façon sécuritaire. La plupart des golfeurs préfèrent jouer avec un joueur moins habile qu'avec une personne qui ne respecte pas l'étiquette. Voici quelques indications de base de ce code de conduite.

- Arrive à l'heure pour ta partie.

- Exécute tes coups sans empiéter sur le temps alloué aux autres.

- Garde le silence quand les autres jouent.

- Permets à des groupes qui jouent plus rapidement que vous de vous dépasser.

- Ne te tiens pas trop proche du trou ou des autres golfeurs quand ceux-ci exécutent leur coup.

- Quitte le vert dès que tous les joueurs ont réussi à faire entrer leur balle dans le trou.

- Assure-toi de laisser le terrain en bonne condition. Répare toute motte sur le vert, dans l'allée et dans les fosses. Répare tout dommage causé au gazon par ta balle ou les crampons de tes chaussures. Nivelle toute empreinte laissée dans le sable.

Glossaire

coup Élan du bâton vers l'avant dans le but de frapper la balle

coup d'approche lobé Coup en hauteur qui roule un peu en retombant au sol

coup d'approche roulé Coup bas et court, où la balle roule sur une grande distance une fois retombée au sol

coup de départ Élan complet exécuté sur le tertre de départ

coup explosé Coup exécuté pour sortir d'une fosse

coup roulé Coup exécuté en frappant la balle de façon à ce qu'elle roule sur le sol

honneur Joueur qui frappe le premier au tertre de départ

ligne de visée Itinéraire souhaité de la balle une fois frappée sur le parcours

normale Niveau de difficulté d'un trou ou nombre de coups qu'un expert prendrait pour faire entrer la balle dans le trou

obstacle Fosse de sable, obstacle d'eau ou obstacle d'eau latéral se trouvant sur le parcours

obstacle d'eau Obstacle rempli d'eau par-dessus lequel un joueur doit envoyer sa balle pour atteindre le trou

obstacle d'eau latéral Obstacle d'eau qu'un joueur ne doit pas franchir pour atteindre le trou

pointage net Pointage final d'un joueur

position Position de la balle sur le sol

position des pieds Façon dont un joueur se place quand il est prêt à exécuter un coup

position injouable Décrit la position d'une balle impossible à jouer

prise de position initiale Position d'un joueur quand il a placé ses pieds et son bâton, prêt à frapper la balle

té Petite cheville servant à surélever la balle au départ d'un trou

trajectoire de coup roulé Itinéraire souhaité de la balle une fois frappée sur le vert

trou (1) Section numérotée du parcours; (2) Cavité dans laquelle les joueurs font entrer leur balle pour compléter chaque section

Index